REGISTRE POUR ENREGISTREMENT DU COURRIER - ARRIVÉE

Raison Sociale: ....

Etablissement: ....

N° SIREN: ....

Date d'ouverture du registre: ....

Date de clôture du registre: ....

ARRIVEE

Date d'arrivée	Date et N° de la correspondance	Expéditeur	Objet	Date et N° de la réponse
__/__/__	__/__/__			__/__/__
__/__/__	__/__/__			__/__/__
__/__/__	__/__/__			__/__/__
__/__/__	__/__/__			__/__/__
__/__/__	__/__/__			__/__/__
__/__/__	__/__/__			__/__/__
__/__/__	__/__/__			__/__/__
__/__/__	__/__/__			__/__/__
__/__/__	__/__/__			__/__/__
__/__/__	__/__/__			__/__/__

ARRIVEE

Date d'arrivée	Date et N° de la correspondance	Expéditeur	Objet	Date et N° de la réponse
__/__/__	__/__/__ ____			__/__/__ ____
__/__/__	__/__/__ ____			__/__/__ ____
__/__/__	__/__/__ ____			__/__/__ ____
__/__/__	__/__/__ ____			__/__/__ ____
__/__/__	__/__/__ ____			__/__/__ ____
__/__/__	__/__/__ ____			__/__/__ ____
__/__/__	__/__/__ ____			__/__/__ ____
__/__/__	__/__/__ ____			__/__/__ ____
__/__/__	__/__/__ ____			__/__/__ ____
__/__/__	__/__/__ ____			__/__/__ ____

ARRIVEE

Date d'arrivée	Date et N° de la correspondance	Expéditeur	Objet	Date et N° de la réponse
/ /	/ /			/ /
/ /	/ /			/ /
/ /	/ /			/ /
/ /	/ /			/ /
/ /	/ /			/ /
/ /	/ /			/ /
/ /	/ /			/ /
/ /	/ /			/ /
/ /	/ /			/ /
/ /	/ /			/ /

ARRIVEE

Date d'arrivée	Date et N° de la correspondance	Expéditeur	Objet	Date et N° de la réponse
_/_/_	_/_/_			_/_/_
_/_/_	_/_/_			_/_/_
_/_/_	_/_/_			_/_/_
_/_/_	_/_/_			_/_/_
_/_/_	_/_/_			_/_/_
_/_/_	_/_/_			_/_/_
_/_/_	_/_/_			_/_/_
_/_/_	_/_/_			_/_/_
_/_/_	_/_/_			_/_/_
_/_/_	_/_/_			_/_/_

ARRIVEE

Date d'arrivée	Date et N° de la correspondance	Expéditeur	Objet	Date et N° de la réponse
__/__/__	__/__/__			__/__/__
__/__/__	__/__/__			__/__/__
__/__/__	__/__/__			__/__/__
__/__/__	__/__/__			__/__/__
__/__/__	__/__/__			__/__/__
__/__/__	__/__/__			__/__/__
__/__/__	__/__/__			__/__/__
__/__/__	__/__/__			__/__/__
__/__/__	__/__/__			__/__/__
__/__/__	__/__/__			__/__/__

ARRIVEE

Date d'arrivée	Date et N° de la correspondance	Expéditeur	Objet	Date et N° de la réponse
__/__/__	__/__/__ _____			__/__/__ _____
__/__/__	__/__/__ _____			__/__/__ _____
__/__/__	__/__/__ _____			__/__/__ _____
__/__/__	__/__/__ _____			__/__/__ _____
__/__/__	__/__/__ _____			__/__/__ _____
__/__/__	__/__/__ _____			__/__/__ _____
__/__/__	__/__/__ _____			__/__/__ _____
__/__/__	__/__/__ _____			__/__/__ _____
__/__/__	__/__/__ _____			__/__/__ _____
__/__/__	__/__/__ _____			__/__/__ _____

ARRIVEE

Date d'arrivée	Date et N° de la correspondance	Expéditeur	Objet	Date et N° de la réponse
_/_/_	_/_/_			_/_/_
_/_/_	_/_/_			_/_/_
_/_/_	_/_/_			_/_/_
_/_/_	_/_/_			_/_/_
_/_/_	_/_/_			_/_/_
_/_/_	_/_/_			_/_/_
_/_/_	_/_/_			_/_/_
_/_/_	_/_/_			_/_/_
_/_/_	_/_/_			_/_/_
_/_/_	_/_/_			_/_/_

ARRIVEE

Date d'arrivée	Date et N° de la correspondance	Expéditeur	Objet	Date et N° de la réponse
__/__/__	__/__/__			__/__/__
__/__/__	__/__/__			__/__/__
__/__/__	__/__/__			__/__/__
__/__/__	__/__/__			__/__/__
__/__/__	__/__/__			__/__/__
__/__/__	__/__/__			__/__/__
__/__/__	__/__/__			__/__/__
__/__/__	__/__/__			__/__/__
__/__/__	__/__/__			__/__/__
__/__/__	__/__/__			__/__/__

ARRIVEE

Date d'arrivée	Date et N° de la correspondance	Expéditeur	Objet	Date et N° de la réponse
__/__/__	__/__/__			__/__/__
__/__/__	__/__/__			__/__/__
__/__/__	__/__/__			__/__/__
__/__/__	__/__/__			__/__/__
__/__/__	__/__/__			__/__/__
__/__/__	__/__/__			__/__/__
__/__/__	__/__/__			__/__/__
__/__/__	__/__/__			__/__/__
__/__/__	__/__/__			__/__/__
__/__/__	__/__/__			__/__/__

ARRIVEE

Date d'arrivée	Date et N° de la correspondance	Expéditeur	Objet	Date et N° de la réponse
__/__/__	__/__/__ _____			__/__/__ _____
__/__/__	__/__/__ _____			__/__/__ _____
__/__/__	__/__/__ _____			__/__/__ _____
__/__/__	__/__/__ _____			__/__/__ _____
__/__/__	__/__/__ _____			__/__/__ _____
__/__/__	__/__/__ _____			__/__/__ _____
__/__/__	__/__/__ _____			__/__/__ _____
__/__/__	__/__/__ _____			__/__/__ _____
__/__/__	__/__/__ _____			__/__/__ _____
__/__/__	__/__/__ _____			__/__/__ _____

ARRIVEE

Date d'arrivée	Date et N° de la correspondance	Expéditeur	Objet	Date et N° de la réponse
__/__/__	__/__/__ ___			__/__/__ ___
__/__/__	__/__/__ ___			__/__/__ ___
__/__/__	__/__/__ ___			__/__/__ ___
__/__/__	__/__/__ ___			__/__/__ ___
__/__/__	__/__/__ ___			__/__/__ ___
__/__/__	__/__/__ ___			__/__/__ ___
__/__/__	__/__/__ ___			__/__/__ ___
__/__/__	__/__/__ ___			__/__/__ ___
__/__/__	__/__/__ ___			__/__/__ ___
__/__/__	__/__/__ ___			__/__/__ ___

ARRIVEE

Date d'arrivée	Date et N° de la correspondance	Expéditeur	Objet	Date et N° de la réponse
_/_/_	_/_/_			_/_/_
_/_/_	_/_/_			_/_/_
_/_/_	_/_/_			_/_/_
_/_/_	_/_/_			_/_/_
_/_/_	_/_/_			_/_/_
_/_/_	_/_/_			_/_/_
_/_/_	_/_/_			_/_/_
_/_/_	_/_/_			_/_/_
_/_/_	_/_/_			_/_/_
_/_/_	_/_/_			_/_/_

ARRIVEE

Date d'arrivée	Date et N° de la correspondance	Expéditeur	Objet	Date et N° de la réponse
/ /	/ /			/ /
/ /	/ /			/ /
/ /	/ /			/ /
/ /	/ /			/ /
/ /	/ /			/ /
/ /	/ /			/ /
/ /	/ /			/ /
/ /	/ /			/ /
/ /	/ /			/ /
/ /	/ /			/ /

ARRIVEE

Date d'arrivée	Date et N° de la correspondance	Expéditeur	Objet	Date et N° de la réponse
__/__/__	__/__/__ _____			__/__/__ _____
__/__/__	__/__/__ _____			__/__/__ _____
__/__/__	__/__/__ _____			__/__/__ _____
__/__/__	__/__/__ _____			__/__/__ _____
__/__/__	__/__/__ _____			__/__/__ _____
__/__/__	__/__/__ _____			__/__/__ _____
__/__/__	__/__/__ _____			__/__/__ _____
__/__/__	__/__/__ _____			__/__/__ _____
__/__/__	__/__/__ _____			__/__/__ _____
__/__/__	__/__/__ _____			__/__/__ _____

ARRIVEE

Date d'arrivée	Date et N° de la correspondance	Expéditeur	Objet	Date et N° de la réponse
__/__/__	__/__/__ _____			__/__/__ _____
__/__/__	__/__/__ _____			__/__/__ _____
__/__/__	__/__/__ _____			__/__/__ _____
__/__/__	__/__/__ _____			__/__/__ _____
__/__/__	__/__/__ _____			__/__/__ _____
__/__/__	__/__/__ _____			__/__/__ _____
__/__/__	__/__/__ _____			__/__/__ _____
__/__/__	__/__/__ _____			__/__/__ _____
__/__/__	__/__/__ _____			__/__/__ _____
__/__/__	__/__/__ _____			__/__/__ _____

ARRIVEE

Date d'arrivée	Date et N° de la correspondance	Expéditeur	Objet	Date et N° de la réponse
__/__/__	__/__/__			__/__/__
__/__/__	__/__/__			__/__/__
__/__/__	__/__/__			__/__/__
__/__/__	__/__/__			__/__/__
__/__/__	__/__/__			__/__/__
__/__/__	__/__/__			__/__/__
__/__/__	__/__/__			__/__/__
__/__/__	__/__/__			__/__/__
__/__/__	__/__/__			__/__/__
__/__/__	__/__/__			__/__/__

ARRIVEE

Date d'arrivée	Date et N° de la correspondance	Expéditeur	Objet	Date et N° de la réponse
__/__/__	__/__/__			__/__/__
__/__/__	__/__/__			__/__/__
__/__/__	__/__/__			__/__/__
__/__/__	__/__/__			__/__/__
__/__/__	__/__/__			__/__/__
__/__/__	__/__/__			__/__/__
__/__/__	__/__/__			__/__/__
__/__/__	__/__/__			__/__/__
__/__/__	__/__/__			__/__/__
__/__/__	__/__/__			__/__/__

ARRIVEE

Date d'arrivée	Date et N° de la correspondance	Expéditeur	Objet	Date et N° de la réponse
_/_/_	_/_/_			_/_/_
_/_/_	_/_/_			_/_/_
_/_/_	_/_/_			_/_/_
_/_/_	_/_/_			_/_/_
_/_/_	_/_/_			_/_/_
_/_/_	_/_/_			_/_/_
_/_/_	_/_/_			_/_/_
_/_/_	_/_/_			_/_/_
_/_/_	_/_/_			_/_/_
_/_/_	_/_/_			_/_/_

ARRIVEE

Date d'arrivée	Date et N° de la correspondance	Expéditeur	Objet	Date et N° de la réponse
__/__/__	__/__/__ _____			__/__/__ _____
__/__/__	__/__/__ _____			__/__/__ _____
__/__/__	__/__/__ _____			__/__/__ _____
__/__/__	__/__/__ _____			__/__/__ _____
__/__/__	__/__/__ _____			__/__/__ _____
__/__/__	__/__/__ _____			__/__/__ _____
__/__/__	__/__/__ _____			__/__/__ _____
__/__/__	__/__/__ _____			__/__/__ _____
__/__/__	__/__/__ _____			__/__/__ _____
__/__/__	__/__/__ _____			__/__/__ _____

ARRIVEE

Date d'arrivée	Date et N° de la correspondance	Expéditeur	Objet	Date et N° de la réponse
__/__/__	__/__/__			__/__/__
__/__/__	__/__/__			__/__/__
__/__/__	__/__/__			__/__/__
__/__/__	__/__/__			__/__/__
__/__/__	__/__/__			__/__/__
__/__/__	__/__/__			__/__/__
__/__/__	__/__/__			__/__/__
__/__/__	__/__/__			__/__/__
__/__/__	__/__/__			__/__/__
__/__/__	__/__/__			__/__/__

ARRIVEE

Date d'arrivée	Date et N° de la correspondance	Expéditeur	Objet	Date et N° de la réponse
__/__/__	__/__/__			__/__/__
__/__/__	__/__/__			__/__/__
__/__/__	__/__/__			__/__/__
__/__/__	__/__/__			__/__/__
__/__/__	__/__/__			__/__/__
__/__/__	__/__/__			__/__/__
__/__/__	__/__/__			__/__/__
__/__/__	__/__/__			__/__/__
__/__/__	__/__/__			__/__/__
__/__/__	__/__/__			__/__/__

ARRIVEE

Date d'arrivée	Date et N° de la correspondance	Expéditeur	Objet	Date et N° de la réponse
__/__/__	__/__/__			__/__/__
__/__/__	__/__/__			__/__/__
__/__/__	__/__/__			__/__/__
__/__/__	__/__/__			__/__/__
__/__/__	__/__/__			__/__/__
__/__/__	__/__/__			__/__/__
__/__/__	__/__/__			__/__/__
__/__/__	__/__/__			__/__/__
__/__/__	__/__/__			__/__/__
__/__/__	__/__/__			__/__/__

ARRIVEE

Date d'arrivée	Date et N° de la correspondance	Expéditeur	Objet	Date et N° de la réponse
__/__/__	__/__/__			__/__/__
__/__/__	__/__/__			__/__/__
__/__/__	__/__/__			__/__/__
__/__/__	__/__/__			__/__/__
__/__/__	__/__/__			__/__/__
__/__/__	__/__/__			__/__/__
__/__/__	__/__/__			__/__/__
__/__/__	__/__/__			__/__/__
__/__/__	__/__/__			__/__/__
__/__/__	__/__/__			__/__/__

ARRIVEE

Date d'arrivée	Date et N° de la correspondance	Expéditeur	Objet	Date et N° de la réponse
/ /	/ /			/ /
/ /	/ /			/ /
/ /	/ /			/ /
/ /	/ /			/ /
/ /	/ /			/ /
/ /	/ /			/ /
/ /	/ /			/ /
/ /	/ /			/ /
/ /	/ /			/ /
/ /	/ /			/ /

ARRIVEE

Date d'arrivée	Date et N° de la correspondance	Expéditeur	Objet	Date et N° de la réponse
__/__/__	__/__/__			__/__/__
__/__/__	__/__/__			__/__/__
__/__/__	__/__/__			__/__/__
__/__/__	__/__/__			__/__/__
__/__/__	__/__/__			__/__/__
__/__/__	__/__/__			__/__/__
__/__/__	__/__/__			__/__/__
__/__/__	__/__/__			__/__/__
__/__/__	__/__/__			__/__/__
__/__/__	__/__/__			__/__/__

ARRIVEE

Date d'arrivée	Date et N° de la correspondance	Expéditeur	Objet	Date et N° de la réponse
_/_/_	_/_/_			_/_/_
_/_/_	_/_/_			_/_/_
_/_/_	_/_/_			_/_/_
_/_/_	_/_/_			_/_/_
_/_/_	_/_/_			_/_/_
_/_/_	_/_/_			_/_/_
_/_/_	_/_/_			_/_/_
_/_/_	_/_/_			_/_/_
_/_/_	_/_/_			_/_/_
_/_/_	_/_/_			_/_/_

ARRIVEE

Date d'arrivée	Date et N° de la correspondance	Expéditeur	Objet	Date et N° de la réponse
__/__/__	__/__/__			__/__/__
__/__/__	__/__/__			__/__/__
__/__/__	__/__/__			__/__/__
__/__/__	__/__/__			__/__/__
__/__/__	__/__/__			__/__/__
__/__/__	__/__/__			__/__/__
__/__/__	__/__/__			__/__/__
__/__/__	__/__/__			__/__/__
__/__/__	__/__/__			__/__/__
__/__/__	__/__/__			__/__/__

ARRIVEE

Date d'arrivée	Date et N° de la correspondance	Expéditeur	Objet	Date et N° de la réponse
_/_/_	_/_/_			_/_/_
_/_/_	_/_/_			_/_/_
_/_/_	_/_/_			_/_/_
_/_/_	_/_/_			_/_/_
_/_/_	_/_/_			_/_/_
_/_/_	_/_/_			_/_/_
_/_/_	_/_/_			_/_/_
_/_/_	_/_/_			_/_/_
_/_/_	_/_/_			_/_/_
_/_/_	_/_/_			_/_/_

ARRIVEE

Date d'arrivée	Date et N° de la correspondance	Expéditeur	Objet	Date et N° de la réponse
__/__/__	__/__/__			__/__/__
__/__/__	__/__/__			__/__/__
__/__/__	__/__/__			__/__/__
__/__/__	__/__/__			__/__/__
__/__/__	__/__/__			__/__/__
__/__/__	__/__/__			__/__/__
__/__/__	__/__/__			__/__/__
__/__/__	__/__/__			__/__/__
__/__/__	__/__/__			__/__/__
__/__/__	__/__/__			__/__/__

ARRIVEE

Date d'arrivée	Date et N° de la correspondance	Expéditeur	Objet	Date et N° de la réponse
__/__/__	__/__/__			__/__/__
__/__/__	__/__/__			__/__/__
__/__/__	__/__/__			__/__/__
__/__/__	__/__/__			__/__/__
__/__/__	__/__/__			__/__/__
__/__/__	__/__/__			__/__/__
__/__/__	__/__/__			__/__/__
__/__/__	__/__/__			__/__/__
__/__/__	__/__/__			__/__/__
__/__/__	__/__/__			__/__/__

ARRIVEE

Date d'arrivée	Date et N° de la correspondance	Expéditeur	Objet	Date et N° de la réponse
__/__/__	__/__/__			__/__/__
__/__/__	__/__/__			__/__/__
__/__/__	__/__/__			__/__/__
__/__/__	__/__/__			__/__/__
__/__/__	__/__/__			__/__/__
__/__/__	__/__/__			__/__/__
__/__/__	__/__/__			__/__/__
__/__/__	__/__/__			__/__/__
__/__/__	__/__/__			__/__/__
__/__/__	__/__/__			__/__/__

ARRIVEE

Date d'arrivée	Date et N° de la correspondance	Expéditeur	Objet	Date et N° de la réponse
__/__/__	__/__/__ _____			__/__/__ _____
__/__/__	__/__/__ _____			__/__/__ _____
__/__/__	__/__/__ _____			__/__/__ _____
__/__/__	__/__/__ _____			__/__/__ _____
__/__/__	__/__/__ _____			__/__/__ _____
__/__/__	__/__/__ _____			__/__/__ _____
__/__/__	__/__/__ _____			__/__/__ _____
__/__/__	__/__/__ _____			__/__/__ _____
__/__/__	__/__/__ _____			__/__/__ _____
__/__/__	__/__/__ _____			__/__/__ _____

ARRIVEE

Date d'arrivée	Date et N° de la correspondance	Expéditeur	Objet	Date et N° de la réponse
__/__/__	__/__/__ ____			__/__/__ ____
__/__/__	__/__/__ ____			__/__/__ ____
__/__/__	__/__/__ ____			__/__/__ ____
__/__/__	__/__/__ ____			__/__/__ ____
__/__/__	__/__/__ ____			__/__/__ ____
__/__/__	__/__/__ ____			__/__/__ ____
__/__/__	__/__/__ ____			__/__/__ ____
__/__/__	__/__/__ ____			__/__/__ ____
__/__/__	__/__/__ ____			__/__/__ ____
__/__/__	__/__/__ ____			__/__/__ ____

ARRIVEE

Date d'arrivée	Date et N° de la correspondance	Expéditeur	Objet	Date et N° de la réponse
__/__/__	__/__/__ __			__/__/__ __
__/__/__	__/__/__ __			__/__/__ __
__/__/__	__/__/__ __			__/__/__ __
__/__/__	__/__/__ __			__/__/__ __
__/__/__	__/__/__ __			__/__/__ __
__/__/__	__/__/__ __			__/__/__ __
__/__/__	__/__/__ __			__/__/__ __
__/__/__	__/__/__ __			__/__/__ __
__/__/__	__/__/__ __			__/__/__ __
__/__/__	__/__/__ __			__/__/__ __

ARRIVEE

Date d'arrivée	Date et N° de la correspondance	Expéditeur	Objet	Date et N° de la réponse
__/__/__	__/__/__ _____			__/__/__ _____
__/__/__	__/__/__ _____			__/__/__ _____
__/__/__	__/__/__ _____			__/__/__ _____
__/__/__	__/__/__ _____			__/__/__ _____
__/__/__	__/__/__ _____			__/__/__ _____
__/__/__	__/__/__ _____			__/__/__ _____
__/__/__	__/__/__ _____			__/__/__ _____
__/__/__	__/__/__ _____			__/__/__ _____
__/__/__	__/__/__ _____			__/__/__ _____
__/__/__	__/__/__ _____			__/__/__ _____

ARRIVEE

Date d'arrivée	Date et N° de la correspondance	Expéditeur	Objet	Date et N° de la réponse
__/__/__	__/__/__			__/__/__
__/__/__	__/__/__			__/__/__
__/__/__	__/__/__			__/__/__
__/__/__	__/__/__			__/__/__
__/__/__	__/__/__			__/__/__
__/__/__	__/__/__			__/__/__
__/__/__	__/__/__			__/__/__
__/__/__	__/__/__			__/__/__
__/__/__	__/__/__			__/__/__
__/__/__	__/__/__			__/__/__

ARRIVEE

Date d'arrivée	Date et N° de la correspondance	Expéditeur	Objet	Date et N° de la réponse
__/__/__	__/__/__			__/__/__
__/__/__	__/__/__			__/__/__
__/__/__	__/__/__			__/__/__
__/__/__	__/__/__			__/__/__
__/__/__	__/__/__			__/__/__
__/__/__	__/__/__			__/__/__
__/__/__	__/__/__			__/__/__
__/__/__	__/__/__			__/__/__
__/__/__	__/__/__			__/__/__
__/__/__	__/__/__			__/__/__

ARRIVEE

Date d'arrivée	Date et N° de la correspondance	Expéditeur	Objet	Date et N° de la réponse
__/__/__	__/__/__			__/__/__
__/__/__	__/__/__			__/__/__
__/__/__	__/__/__			__/__/__
__/__/__	__/__/__			__/__/__
__/__/__	__/__/__			__/__/__
__/__/__	__/__/__			__/__/__
__/__/__	__/__/__			__/__/__
__/__/__	__/__/__			__/__/__
__/__/__	__/__/__			__/__/__
__/__/__	__/__/__			__/__/__

ARRIVEE

Date d'arrivée	Date et N° de la correspondance	Expéditeur	Objet	Date et N° de la réponse
__/__/__	__/__/__ _____			__/__/__ _____
__/__/__	__/__/__ _____			__/__/__ _____
__/__/__	__/__/__ _____			__/__/__ _____
__/__/__	__/__/__ _____			__/__/__ _____
__/__/__	__/__/__ _____			__/__/__ _____
__/__/__	__/__/__ _____			__/__/__ _____
__/__/__	__/__/__ _____			__/__/__ _____
__/__/__	__/__/__ _____			__/__/__ _____
__/__/__	__/__/__ _____			__/__/__ _____
__/__/__	__/__/__ _____			__/__/__ _____

ARRIVEE

Date d'arrivée	Date et N° de la correspondance	Expéditeur	Objet	Date et N° de la réponse
__/__/__	__/__/__			__/__/__
__/__/__	__/__/__			__/__/__
__/__/__	__/__/__			__/__/__
__/__/__	__/__/__			__/__/__
__/__/__	__/__/__			__/__/__
__/__/__	__/__/__			__/__/__
__/__/__	__/__/__			__/__/__
__/__/__	__/__/__			__/__/__
__/__/__	__/__/__			__/__/__
__/__/__	__/__/__			__/__/__

ARRIVEE

Date d'arrivée	Date et N° de la correspondance	Expéditeur	Objet	Date et N° de la réponse
__/__/__	__/__/__ _____			__/__/__ _____
__/__/__	__/__/__ _____			__/__/__ _____
__/__/__	__/__/__ _____			__/__/__ _____
__/__/__	__/__/__ _____			__/__/__ _____
__/__/__	__/__/__ _____			__/__/__ _____
__/__/__	__/__/__ _____			__/__/__ _____
__/__/__	__/__/__ _____			__/__/__ _____
__/__/__	__/__/__ _____			__/__/__ _____
__/__/__	__/__/__ _____			__/__/__ _____
__/__/__	__/__/__ _____			__/__/__ _____

ARRIVEE

Date d'arrivée	Date et N° de la correspondance	Expéditeur	Objet	Date et N° de la réponse
__/__/__	__/__/__			__/__/__
__/__/__	__/__/__			__/__/__
__/__/__	__/__/__			__/__/__
__/__/__	__/__/__			__/__/__
__/__/__	__/__/__			__/__/__
__/__/__	__/__/__			__/__/__
__/__/__	__/__/__			__/__/__
__/__/__	__/__/__			__/__/__
__/__/__	__/__/__			__/__/__
__/__/__	__/__/__			__/__/__

ARRIVEE

Date d'arrivée	Date et N° de la correspondance	Expéditeur	Objet	Date et N° de la réponse
__/__/__	__/__/__ _____			__/__/__ _____
__/__/__	__/__/__ _____			__/__/__ _____
__/__/__	__/__/__ _____			__/__/__ _____
__/__/__	__/__/__ _____			__/__/__ _____
__/__/__	__/__/__ _____			__/__/__ _____
__/__/__	__/__/__ _____			__/__/__ _____
__/__/__	__/__/__ _____			__/__/__ _____
__/__/__	__/__/__ _____			__/__/__ _____
__/__/__	__/__/__ _____			__/__/__ _____
__/__/__	__/__/__ _____			__/__/__ _____

ARRIVEE

Date d'arrivée	Date et N° de la correspondance	Expéditeur	Objet	Date et N° de la réponse
__/__/__	__/__/__			__/__/__
__/__/__	__/__/__			__/__/__
__/__/__	__/__/__			__/__/__
__/__/__	__/__/__			__/__/__
__/__/__	__/__/__			__/__/__
__/__/__	__/__/__			__/__/__
__/__/__	__/__/__			__/__/__
__/__/__	__/__/__			__/__/__
__/__/__	__/__/__			__/__/__
__/__/__	__/__/__			__/__/__

ARRIVEE

Date d'arrivée	Date et N° de la correspondance	Expéditeur	Objet	Date et N° de la réponse
__/__/__	__/__/__			__/__/__
__/__/__	__/__/__			__/__/__
__/__/__	__/__/__			__/__/__
__/__/__	__/__/__			__/__/__
__/__/__	__/__/__			__/__/__
__/__/__	__/__/__			__/__/__
__/__/__	__/__/__			__/__/__
__/__/__	__/__/__			__/__/__
__/__/__	__/__/__			__/__/__
__/__/__	__/__/__			__/__/__

ARRIVEE

Date d'arrivée	Date et N° de la correspondance	Expéditeur	Objet	Date et N° de la réponse
__/__/__	__/__/__ _____			__/__/__ _____
__/__/__	__/__/__ _____			__/__/__ _____
__/__/__	__/__/__ _____			__/__/__ _____
__/__/__	__/__/__ _____			__/__/__ _____
__/__/__	__/__/__ _____			__/__/__ _____
__/__/__	__/__/__ _____			__/__/__ _____
__/__/__	__/__/__ _____			__/__/__ _____
__/__/__	__/__/__ _____			__/__/__ _____
__/__/__	__/__/__ _____			__/__/__ _____
__/__/__	__/__/__ _____			__/__/__ _____

ARRIVEE

Date d'arrivée	Date et N° de la correspondance	Expéditeur	Objet	Date et N° de la réponse
/ /	/ /			/ /
/ /	/ /			/ /
/ /	/ /			/ /
/ /	/ /			/ /
/ /	/ /			/ /
/ /	/ /			/ /
/ /	/ /			/ /
/ /	/ /			/ /
/ /	/ /			/ /
/ /	/ /			/ /

ARRIVEE

Date d'arrivée	Date et N° de la correspondance	Expéditeur	Objet	Date et N° de la réponse
_/_/_	_/_/_			_/_/_
_/_/_	_/_/_			_/_/_
_/_/_	_/_/_			_/_/_
_/_/_	_/_/_			_/_/_
_/_/_	_/_/_			_/_/_
_/_/_	_/_/_			_/_/_
_/_/_	_/_/_			_/_/_
_/_/_	_/_/_			_/_/_
_/_/_	_/_/_			_/_/_
_/_/_	_/_/_			_/_/_

ARRIVEE

Date d'arrivée	Date et N° de la correspondance	Expéditeur	Objet	Date et N° de la réponse
__/__/__	__/__/__			__/__/__
__/__/__	__/__/__			__/__/__
__/__/__	__/__/__			__/__/__
__/__/__	__/__/__			__/__/__
__/__/__	__/__/__			__/__/__
__/__/__	__/__/__			__/__/__
__/__/__	__/__/__			__/__/__
__/__/__	__/__/__			__/__/__
__/__/__	__/__/__			__/__/__
__/__/__	__/__/__			__/__/__

ARRIVEE

Date d'arrivée	Date et N° de la correspondance	Expéditeur	Objet	Date et N° de la réponse
__/__/__	__/__/__ __			__/__/__ __
__/__/__	__/__/__ __			__/__/__ __
__/__/__	__/__/__ __			__/__/__ __
__/__/__	__/__/__ __			__/__/__ __
__/__/__	__/__/__ __			__/__/__ __
__/__/__	__/__/__ __			__/__/__ __
__/__/__	__/__/__ __			__/__/__ __
__/__/__	__/__/__ __			__/__/__ __
__/__/__	__/__/__ __			__/__/__ __
__/__/__	__/__/__ __			__/__/__ __

ARRIVEE

Date d'arrivée	Date et N° de la correspondance	Expéditeur	Objet	Date et N° de la réponse
__/__/__	__/__/__			__/__/__
__/__/__	__/__/__			__/__/__
__/__/__	__/__/__			__/__/__
__/__/__	__/__/__			__/__/__
__/__/__	__/__/__			__/__/__
__/__/__	__/__/__			__/__/__
__/__/__	__/__/__			__/__/__
__/__/__	__/__/__			__/__/__
__/__/__	__/__/__			__/__/__
__/__/__	__/__/__			__/__/__

ARRIVEE

Date d'arrivée	Date et N° de la correspondance	Expéditeur	Objet	Date et N° de la réponse
_/_/_	_/_/_			_/_/_
_/_/_	_/_/_			_/_/_
_/_/_	_/_/_			_/_/_
_/_/_	_/_/_			_/_/_
_/_/_	_/_/_			_/_/_
_/_/_	_/_/_			_/_/_
_/_/_	_/_/_			_/_/_
_/_/_	_/_/_			_/_/_
_/_/_	_/_/_			_/_/_
_/_/_	_/_/_			_/_/_

ARRIVEE

Date d'arrivée	Date et N° de la correspondance	Expéditeur	Objet	Date et N° de la réponse
__/__/__	__/__/__			__/__/__
__/__/__	__/__/__			__/__/__
__/__/__	__/__/__			__/__/__
__/__/__	__/__/__			__/__/__
__/__/__	__/__/__			__/__/__
__/__/__	__/__/__			__/__/__
__/__/__	__/__/__			__/__/__
__/__/__	__/__/__			__/__/__
__/__/__	__/__/__			__/__/__
__/__/__	__/__/__			__/__/__

ARRIVEE

Date d'arrivée	Date et N° de la correspondance	Expéditeur	Objet	Date et N° de la réponse
__/__/__	__/__/__ _____			__/__/__ _____
__/__/__	__/__/__ _____			__/__/__ _____
__/__/__	__/__/__ _____			__/__/__ _____
__/__/__	__/__/__ _____			__/__/__ _____
__/__/__	__/__/__ _____			__/__/__ _____
__/__/__	__/__/__ _____			__/__/__ _____
__/__/__	__/__/__ _____			__/__/__ _____
__/__/__	__/__/__ _____			__/__/__ _____
__/__/__	__/__/__ _____			__/__/__ _____
__/__/__	__/__/__ _____			__/__/__ _____

ARRIVEE

Date d'arrivée	Date et N° de la correspondance	Expéditeur	Objet	Date et N° de la réponse
__/__/__	__/__/__			__/__/__
__/__/__	__/__/__			__/__/__
__/__/__	__/__/__			__/__/__
__/__/__	__/__/__			__/__/__
__/__/__	__/__/__			__/__/__
__/__/__	__/__/__			__/__/__
__/__/__	__/__/__			__/__/__
__/__/__	__/__/__			__/__/__
__/__/__	__/__/__			__/__/__
__/__/__	__/__/__			__/__/__

ARRIVEE

Date d'arrivée	Date et N° de la correspondance	Expéditeur	Objet	Date et N° de la réponse
__/__/__	__/__/__			__/__/__
__/__/__	__/__/__			__/__/__
__/__/__	__/__/__			__/__/__
__/__/__	__/__/__			__/__/__
__/__/__	__/__/__			__/__/__
__/__/__	__/__/__			__/__/__
__/__/__	__/__/__			__/__/__
__/__/__	__/__/__			__/__/__
__/__/__	__/__/__			__/__/__
__/__/__	__/__/__			__/__/__

ARRIVEE

Date d'arrivée	Date et N° de la correspondance	Expéditeur	Objet	Date et N° de la réponse
__/__/__	__/__/__			__/__/__
__/__/__	__/__/__			__/__/__
__/__/__	__/__/__			__/__/__
__/__/__	__/__/__			__/__/__
__/__/__	__/__/__			__/__/__
__/__/__	__/__/__			__/__/__
__/__/__	__/__/__			__/__/__
__/__/__	__/__/__			__/__/__
__/__/__	__/__/__			__/__/__
__/__/__	__/__/__			__/__/__

ARRIVEE

Date d'arrivée	Date et N° de la correspondance	Expéditeur	Objet	Date et N° de la réponse
__/__/__	__/__/__			__/__/__
__/__/__	__/__/__			__/__/__
__/__/__	__/__/__			__/__/__
__/__/__	__/__/__			__/__/__
__/__/__	__/__/__			__/__/__
__/__/__	__/__/__			__/__/__
__/__/__	__/__/__			__/__/__
__/__/__	__/__/__			__/__/__
__/__/__	__/__/__			__/__/__
__/__/__	__/__/__			__/__/__

ARRIVEE

Date d'arrivée	Date et N° de la correspondance	Expéditeur	Objet	Date et N° de la réponse
__/__/__	__/__/__			__/__/__
__/__/__	__/__/__			__/__/__
__/__/__	__/__/__			__/__/__
__/__/__	__/__/__			__/__/__
__/__/__	__/__/__			__/__/__
__/__/__	__/__/__			__/__/__
__/__/__	__/__/__			__/__/__
__/__/__	__/__/__			__/__/__
__/__/__	__/__/__			__/__/__
__/__/__	__/__/__			__/__/__

ARRIVEE

Date d'arrivée	Date et N° de la correspondance	Expéditeur	Objet	Date et N° de la réponse
__/__/__	__/__/__			__/__/__
__/__/__	__/__/__			__/__/__
__/__/__	__/__/__			__/__/__
__/__/__	__/__/__			__/__/__
__/__/__	__/__/__			__/__/__
__/__/__	__/__/__			__/__/__
__/__/__	__/__/__			__/__/__
__/__/__	__/__/__			__/__/__
__/__/__	__/__/__			__/__/__
__/__/__	__/__/__			__/__/__

ARRIVEE

Date d'arrivée	Date et N° de la correspondance	Expéditeur	Objet	Date et N° de la réponse
/ /	/ /			/ /
/ /	/ /			/ /
/ /	/ /			/ /
/ /	/ /			/ /
/ /	/ /			/ /
/ /	/ /			/ /
/ /	/ /			/ /
/ /	/ /			/ /
/ /	/ /			/ /
/ /	/ /			/ /

ARRIVEE

Date d'arrivée	Date et N° de la correspondance	Expéditeur	Objet	Date et N° de la réponse
__/__/__	__/__/__ _____			__/__/__ _____
__/__/__	__/__/__ _____			__/__/__ _____
__/__/__	__/__/__ _____			__/__/__ _____
__/__/__	__/__/__ _____			__/__/__ _____
__/__/__	__/__/__ _____			__/__/__ _____
__/__/__	__/__/__ _____			__/__/__ _____
__/__/__	__/__/__ _____			__/__/__ _____
__/__/__	__/__/__ _____			__/__/__ _____
__/__/__	__/__/__ _____			__/__/__ _____
__/__/__	__/__/__ _____			__/__/__ _____

ARRIVEE

Date d'arrivée	Date et N° de la correspondance	Expéditeur	Objet	Date et N° de la réponse
__/__/__	__/__/__			__/__/__
__/__/__	__/__/__			__/__/__
__/__/__	__/__/__			__/__/__
__/__/__	__/__/__			__/__/__
__/__/__	__/__/__			__/__/__
__/__/__	__/__/__			__/__/__
__/__/__	__/__/__			__/__/__
__/__/__	__/__/__			__/__/__
__/__/__	__/__/__			__/__/__
__/__/__	__/__/__			__/__/__

ARRIVEE

Date d'arrivée	Date et N° de la correspondance	Expéditeur	Objet	Date et N° de la réponse
_/_/_	_/_/_			_/_/_
_/_/_	_/_/_			_/_/_
_/_/_	_/_/_			_/_/_
_/_/_	_/_/_			_/_/_
_/_/_	_/_/_			_/_/_
_/_/_	_/_/_			_/_/_
_/_/_	_/_/_			_/_/_
_/_/_	_/_/_			_/_/_
_/_/_	_/_/_			_/_/_
_/_/_	_/_/_			_/_/_

ARRIVEE

Date d'arrivée	Date et N° de la correspondance	Expéditeur	Objet	Date et N° de la réponse
__/__/__	__/__/__			__/__/__
__/__/__	__/__/__			__/__/__
__/__/__	__/__/__			__/__/__
__/__/__	__/__/__			__/__/__
__/__/__	__/__/__			__/__/__
__/__/__	__/__/__			__/__/__
__/__/__	__/__/__			__/__/__
__/__/__	__/__/__			__/__/__
__/__/__	__/__/__			__/__/__
__/__/__	__/__/__			__/__/__

ARRIVEE

Date d'arrivée	Date et N° de la correspondance	Expéditeur	Objet	Date et N° de la réponse
__/__/__	__/__/__			__/__/__
__/__/__	__/__/__			__/__/__
__/__/__	__/__/__			__/__/__
__/__/__	__/__/__			__/__/__
__/__/__	__/__/__			__/__/__
__/__/__	__/__/__			__/__/__
__/__/__	__/__/__			__/__/__
__/__/__	__/__/__			__/__/__
__/__/__	__/__/__			__/__/__
__/__/__	__/__/__			__/__/__

ARRIVEE

Date d'arrivée	Date et N° de la correspondance	Expéditeur	Objet	Date et N° de la réponse
__/__/__	__/__/__			__/__/__
__/__/__	__/__/__			__/__/__
__/__/__	__/__/__			__/__/__
__/__/__	__/__/__			__/__/__
__/__/__	__/__/__			__/__/__
__/__/__	__/__/__			__/__/__
__/__/__	__/__/__			__/__/__
__/__/__	__/__/__			__/__/__
__/__/__	__/__/__			__/__/__
__/__/__	__/__/__			__/__/__

ARRIVEE

Date d'arrivée	Date et N° de la correspondance	Expéditeur	Objet	Date et N° de la réponse
__/__/__	__/__/__ _____			__/__/__ _____
__/__/__	__/__/__ _____			__/__/__ _____
__/__/__	__/__/__ _____			__/__/__ _____
__/__/__	__/__/__ _____			__/__/__ _____
__/__/__	__/__/__ _____			__/__/__ _____
__/__/__	__/__/__ _____			__/__/__ _____
__/__/__	__/__/__ _____			__/__/__ _____
__/__/__	__/__/__ _____			__/__/__ _____
__/__/__	__/__/__ _____			__/__/__ _____
__/__/__	__/__/__ _____			__/__/__ _____

ARRIVEE

Date d'arrivée	Date et N° de la correspondance	Expéditeur	Objet	Date et N° de la réponse
/ /	/ /			/ /
/ /	/ /			/ /
/ /	/ /			/ /
/ /	/ /			/ /
/ /	/ /			/ /
/ /	/ /			/ /
/ /	/ /			/ /
/ /	/ /			/ /
/ /	/ /			/ /
/ /	/ /			/ /

ARRIVEE

Date d'arrivée	Date et N° de la correspondance	Expéditeur	Objet	Date et N° de la réponse
__/__/__	__/__/__			__/__/__
__/__/__	__/__/__			__/__/__
__/__/__	__/__/__			__/__/__
__/__/__	__/__/__			__/__/__
__/__/__	__/__/__			__/__/__
__/__/__	__/__/__			__/__/__
__/__/__	__/__/__			__/__/__
__/__/__	__/__/__			__/__/__
__/__/__	__/__/__			__/__/__
__/__/__	__/__/__			__/__/__

ARRIVEE

Date d'arrivée	Date et N° de la correspondance	Expéditeur	Objet	Date et N° de la réponse
__/__/__	__/__/__			__/__/__
__/__/__	__/__/__			__/__/__
__/__/__	__/__/__			__/__/__
__/__/__	__/__/__			__/__/__
__/__/__	__/__/__			__/__/__
__/__/__	__/__/__			__/__/__
__/__/__	__/__/__			__/__/__
__/__/__	__/__/__			__/__/__
__/__/__	__/__/__			__/__/__
__/__/__	__/__/__			__/__/__

ARRIVEE

Date d'arrivée	Date et N° de la correspondance	Expéditeur	Objet	Date et N° de la réponse
_/_/_	_/_/_			_/_/_
_/_/_	_/_/_			_/_/_
_/_/_	_/_/_			_/_/_
_/_/_	_/_/_			_/_/_
_/_/_	_/_/_			_/_/_
_/_/_	_/_/_			_/_/_
_/_/_	_/_/_			_/_/_
_/_/_	_/_/_			_/_/_
_/_/_	_/_/_			_/_/_
_/_/_	_/_/_			_/_/_

ARRIVEE

Date d'arrivée	Date et N° de la correspondance	Expéditeur	Objet	Date et N° de la réponse
__/__/__	__/__/__			__/__/__
__/__/__	__/__/__			__/__/__
__/__/__	__/__/__			__/__/__
__/__/__	__/__/__			__/__/__
__/__/__	__/__/__			__/__/__
__/__/__	__/__/__			__/__/__
__/__/__	__/__/__			__/__/__
__/__/__	__/__/__			__/__/__
__/__/__	__/__/__			__/__/__
__/__/__	__/__/__			__/__/__

ARRIVEE

Date d'arrivée	Date et N° de la correspondance	Expéditeur	Objet	Date et N° de la réponse
__/__/__	__/__/__			__/__/__
__/__/__	__/__/__			__/__/__
__/__/__	__/__/__			__/__/__
__/__/__	__/__/__			__/__/__
__/__/__	__/__/__			__/__/__
__/__/__	__/__/__			__/__/__
__/__/__	__/__/__			__/__/__
__/__/__	__/__/__			__/__/__
__/__/__	__/__/__			__/__/__
__/__/__	__/__/__			__/__/__

ARRIVEE

Date d'arrivée	Date et N° de la correspondance	Expéditeur	Objet	Date et N° de la réponse
__/__/__	__/__/__ _____			__/__/__ _____
__/__/__	__/__/__ _____			__/__/__ _____
__/__/__	__/__/__ _____			__/__/__ _____
__/__/__	__/__/__ _____			__/__/__ _____
__/__/__	__/__/__ _____			__/__/__ _____
__/__/__	__/__/__ _____			__/__/__ _____
__/__/__	__/__/__ _____			__/__/__ _____
__/__/__	__/__/__ _____			__/__/__ _____
__/__/__	__/__/__ _____			__/__/__ _____
__/__/__	__/__/__ _____			__/__/__ _____

ARRIVEE

Date d'arrivée	Date et N° de la correspondance	Expéditeur	Objet	Date et N° de la réponse
__/__/__	__/__/__			__/__/__
__/__/__	__/__/__			__/__/__
__/__/__	__/__/__			__/__/__
__/__/__	__/__/__			__/__/__
__/__/__	__/__/__			__/__/__
__/__/__	__/__/__			__/__/__
__/__/__	__/__/__			__/__/__
__/__/__	__/__/__			__/__/__
__/__/__	__/__/__			__/__/__
__/__/__	__/__/__			__/__/__

ARRIVEE

Date d'arrivée	Date et N° de la correspondance	Expéditeur	Objet	Date et N° de la réponse
__/__/__	__/__/__ ___			__/__/__ ___
__/__/__	__/__/__ ___			__/__/__ ___
__/__/__	__/__/__ ___			__/__/__ ___
__/__/__	__/__/__ ___			__/__/__ ___
__/__/__	__/__/__ ___			__/__/__ ___
__/__/__	__/__/__ ___			__/__/__ ___
__/__/__	__/__/__ ___			__/__/__ ___
__/__/__	__/__/__ ___			__/__/__ ___
__/__/__	__/__/__ ___			__/__/__ ___
__/__/__	__/__/__ ___			__/__/__ ___

ARRIVEE

Date d'arrivée	Date et N° de la correspondance	Expéditeur	Objet	Date et N° de la réponse
__/__/__	__/__/__			__/__/__
__/__/__	__/__/__			__/__/__
__/__/__	__/__/__			__/__/__
__/__/__	__/__/__			__/__/__
__/__/__	__/__/__			__/__/__
__/__/__	__/__/__			__/__/__
__/__/__	__/__/__			__/__/__
__/__/__	__/__/__			__/__/__
__/__/__	__/__/__			__/__/__
__/__/__	__/__/__			__/__/__

ARRIVEE

Date d'arrivée	Date et N° de la correspondance	Expéditeur	Objet	Date et N° de la réponse
__/__/__	__/__/__			__/__/__
__/__/__	__/__/__			__/__/__
__/__/__	__/__/__			__/__/__
__/__/__	__/__/__			__/__/__
__/__/__	__/__/__			__/__/__
__/__/__	__/__/__			__/__/__
__/__/__	__/__/__			__/__/__
__/__/__	__/__/__			__/__/__
__/__/__	__/__/__			__/__/__
__/__/__	__/__/__			__/__/__

ARRIVEE

Date d'arrivée	Date et N° de la correspondance	Expéditeur	Objet	Date et N° de la réponse
_/_/_	_/_/_			_/_/_
_/_/_	_/_/_			_/_/_
_/_/_	_/_/_			_/_/_
_/_/_	_/_/_			_/_/_
_/_/_	_/_/_			_/_/_
_/_/_	_/_/_			_/_/_
_/_/_	_/_/_			_/_/_
_/_/_	_/_/_			_/_/_
_/_/_	_/_/_			_/_/_
_/_/_	_/_/_			_/_/_

ARRIVEE

Date d'arrivée	Date et N° de la correspondance	Expéditeur	Objet	Date et N° de la réponse
__/__/__	__/__/__			__/__/__
__/__/__	__/__/__			__/__/__
__/__/__	__/__/__			__/__/__
__/__/__	__/__/__			__/__/__
__/__/__	__/__/__			__/__/__
__/__/__	__/__/__			__/__/__
__/__/__	__/__/__			__/__/__
__/__/__	__/__/__			__/__/__
__/__/__	__/__/__			__/__/__
__/__/__	__/__/__			__/__/__

ARRIVEE

Date d'arrivée	Date et N° de la correspondance	Expéditeur	Objet	Date et N° de la réponse
_/_/_	_/_/_			_/_/_
_/_/_	_/_/_			_/_/_
_/_/_	_/_/_			_/_/_
_/_/_	_/_/_			_/_/_
_/_/_	_/_/_			_/_/_
_/_/_	_/_/_			_/_/_
_/_/_	_/_/_			_/_/_
_/_/_	_/_/_			_/_/_
_/_/_	_/_/_			_/_/_
_/_/_	_/_/_			_/_/_

ARRIVEE

Date d'arrivée	Date et N° de la correspondance	Expéditeur	Objet	Date et N° de la réponse
__/__/__	__/__/__ _____			__/__/__ _____
__/__/__	__/__/__ _____			__/__/__ _____
__/__/__	__/__/__ _____			__/__/__ _____
__/__/__	__/__/__ _____			__/__/__ _____
__/__/__	__/__/__ _____			__/__/__ _____
__/__/__	__/__/__ _____			__/__/__ _____
__/__/__	__/__/__ _____			__/__/__ _____
__/__/__	__/__/__ _____			__/__/__ _____
__/__/__	__/__/__ _____			__/__/__ _____
__/__/__	__/__/__ _____			__/__/__ _____

ARRIVEE

Date d'arrivée	Date et N° de la correspondance	Expéditeur	Objet	Date et N° de la réponse
_/_/_	_/_/_			_/_/_
_/_/_	_/_/_			_/_/_
_/_/_	_/_/_			_/_/_
_/_/_	_/_/_			_/_/_
_/_/_	_/_/_			_/_/_
_/_/_	_/_/_			_/_/_
_/_/_	_/_/_			_/_/_
_/_/_	_/_/_			_/_/_
_/_/_	_/_/_			_/_/_
_/_/_	_/_/_			_/_/_

ARRIVEE

Date d'arrivée	Date et N° de la correspondance	Expéditeur	Objet	Date et N° de la réponse
__/__/__	__/__/__			__/__/__
__/__/__	__/__/__			__/__/__
__/__/__	__/__/__			__/__/__
__/__/__	__/__/__			__/__/__
__/__/__	__/__/__			__/__/__
__/__/__	__/__/__			__/__/__
__/__/__	__/__/__			__/__/__
__/__/__	__/__/__			__/__/__
__/__/__	__/__/__			__/__/__
__/__/__	__/__/__			__/__/__

ARRIVEE

Date d'arrivée	Date et N° de la correspondance	Expéditeur	Objet	Date et N° de la réponse
__/__/__	__/__/__			__/__/__
__/__/__	__/__/__			__/__/__
__/__/__	__/__/__			__/__/__
__/__/__	__/__/__			__/__/__
__/__/__	__/__/__			__/__/__
__/__/__	__/__/__			__/__/__
__/__/__	__/__/__			__/__/__
__/__/__	__/__/__			__/__/__
__/__/__	__/__/__			__/__/__
__/__/__	__/__/__			__/__/__

ARRIVEE

Date d'arrivée	Date et N° de la correspondance	Expéditeur	Objet	Date et N° de la réponse
__/__/__	__/__/__			__/__/__
__/__/__	__/__/__			__/__/__
__/__/__	__/__/__			__/__/__
__/__/__	__/__/__			__/__/__
__/__/__	__/__/__			__/__/__
__/__/__	__/__/__			__/__/__
__/__/__	__/__/__			__/__/__
__/__/__	__/__/__			__/__/__
__/__/__	__/__/__			__/__/__
__/__/__	__/__/__			__/__/__

ARRIVEE

Date d'arrivée	Date et N° de la correspondance	Expéditeur	Objet	Date et N° de la réponse
__/__/__	__/__/__			__/__/__
__/__/__	__/__/__			__/__/__
__/__/__	__/__/__			__/__/__
__/__/__	__/__/__			__/__/__
__/__/__	__/__/__			__/__/__
__/__/__	__/__/__			__/__/__
__/__/__	__/__/__			__/__/__
__/__/__	__/__/__			__/__/__
__/__/__	__/__/__			__/__/__
__/__/__	__/__/__			__/__/__

ARRIVEE

Date d'arrivée	Date et N° de la correspondance	Expéditeur	Objet	Date et N° de la réponse
__/__/__	__/__/__			__/__/__
__/__/__	__/__/__			__/__/__
__/__/__	__/__/__			__/__/__
__/__/__	__/__/__			__/__/__
__/__/__	__/__/__			__/__/__
__/__/__	__/__/__			__/__/__
__/__/__	__/__/__			__/__/__
__/__/__	__/__/__			__/__/__
__/__/__	__/__/__			__/__/__
__/__/__	__/__/__			__/__/__

ARRIVEE

Date d'arrivée	Date et N° de la correspondance	Expéditeur	Objet	Date et N° de la réponse
__/__/__	__/__/__ __			__/__/__ __
__/__/__	__/__/__ __			__/__/__ __
__/__/__	__/__/__ __			__/__/__ __
__/__/__	__/__/__ __			__/__/__ __
__/__/__	__/__/__ __			__/__/__ __
__/__/__	__/__/__ __			__/__/__ __
__/__/__	__/__/__ __			__/__/__ __
__/__/__	__/__/__ __			__/__/__ __
__/__/__	__/__/__ __			__/__/__ __
__/__/__	__/__/__ __			__/__/__ __

ARRIVEE

Date d'arrivée	Date et N° de la correspondance	Expéditeur	Objet	Date et N° de la réponse
__/__/__	__/__/__ __			__/__/__ __
__/__/__	__/__/__ __			__/__/__ __
__/__/__	__/__/__ __			__/__/__ __
__/__/__	__/__/__ __			__/__/__ __
__/__/__	__/__/__ __			__/__/__ __
__/__/__	__/__/__ __			__/__/__ __
__/__/__	__/__/__ __			__/__/__ __
__/__/__	__/__/__ __			__/__/__ __
__/__/__	__/__/__ __			__/__/__ __
__/__/__	__/__/__ __			__/__/__ __

ARRIVEE

Date d'arrivée	Date et N° de la correspondance	Expéditeur	Objet	Date et N° de la réponse
__/__/__	__/__/__			__/__/__
__/__/__	__/__/__			__/__/__
__/__/__	__/__/__			__/__/__
__/__/__	__/__/__			__/__/__
__/__/__	__/__/__			__/__/__
__/__/__	__/__/__			__/__/__
__/__/__	__/__/__			__/__/__
__/__/__	__/__/__			__/__/__
__/__/__	__/__/__			__/__/__
__/__/__	__/__/__			__/__/__

ARRIVEE

Date d'arrivée	Date et N° de la correspondance	Expéditeur	Objet	Date et N° de la réponse
__/__/__	__/__/__ ____			__/__/__ ____
__/__/__	__/__/__ ____			__/__/__ ____
__/__/__	__/__/__ ____			__/__/__ ____
__/__/__	__/__/__ ____			__/__/__ ____
__/__/__	__/__/__ ____			__/__/__ ____
__/__/__	__/__/__ ____			__/__/__ ____
__/__/__	__/__/__ ____			__/__/__ ____
__/__/__	__/__/__ ____			__/__/__ ____
__/__/__	__/__/__ ____			__/__/__ ____
__/__/__	__/__/__ ____			__/__/__ ____

ARRIVEE

Date d'arrivée	Date et N° de la correspondance	Expéditeur	Objet	Date et N° de la réponse
__/__/__	__/__/__			__/__/__
__/__/__	__/__/__			__/__/__
__/__/__	__/__/__			__/__/__
__/__/__	__/__/__			__/__/__
__/__/__	__/__/__			__/__/__
__/__/__	__/__/__			__/__/__
__/__/__	__/__/__			__/__/__
__/__/__	__/__/__			__/__/__
__/__/__	__/__/__			__/__/__
__/__/__	__/__/__			__/__/__

ARRIVEE

Date d'arrivée	Date et N° de la correspondance	Expéditeur	Objet	Date et N° de la réponse
__/__/__	__/__/__			__/__/__
__/__/__	__/__/__			__/__/__
__/__/__	__/__/__			__/__/__
__/__/__	__/__/__			__/__/__
__/__/__	__/__/__			__/__/__
__/__/__	__/__/__			__/__/__
__/__/__	__/__/__			__/__/__
__/__/__	__/__/__			__/__/__
__/__/__	__/__/__			__/__/__
__/__/__	__/__/__			__/__/__

ARRIVEE

Date d'arrivée	Date et N° de la correspondance	Expéditeur	Objet	Date et N° de la réponse
__/__/__	__/__/__			__/__/__
__/__/__	__/__/__			__/__/__
__/__/__	__/__/__			__/__/__
__/__/__	__/__/__			__/__/__
__/__/__	__/__/__			__/__/__
__/__/__	__/__/__			__/__/__
__/__/__	__/__/__			__/__/__
__/__/__	__/__/__			__/__/__
__/__/__	__/__/__			__/__/__
__/__/__	__/__/__			__/__/__

ARRIVEE

Date d'arrivée	Date et N° de la correspondance	Expéditeur	Objet	Date et N° de la réponse
__/__/____	__/__/____			__/__/____
__/__/____	__/__/____			__/__/____
__/__/____	__/__/____			__/__/____
__/__/____	__/__/____			__/__/____
__/__/____	__/__/____			__/__/____
__/__/____	__/__/____			__/__/____
__/__/____	__/__/____			__/__/____
__/__/____	__/__/____			__/__/____
__/__/____	__/__/____			__/__/____
__/__/____	__/__/____			__/__/____

ARRIVEE

Date d'arrivée	Date et N° de la correspondance	Expéditeur	Objet	Date et N° de la réponse
__/__/__	__/__/__			__/__/__
__/__/__	__/__/__			__/__/__
__/__/__	__/__/__			__/__/__
__/__/__	__/__/__			__/__/__
__/__/__	__/__/__			__/__/__
__/__/__	__/__/__			__/__/__
__/__/__	__/__/__			__/__/__
__/__/__	__/__/__			__/__/__
__/__/__	__/__/__			__/__/__
__/__/__	__/__/__			__/__/__

ARRIVEE

Date d'arrivée	Date et N° de la correspondance	Expéditeur	Objet	Date et N° de la réponse
/ /	/ /			/ /
/ /	/ /			/ /
/ /	/ /			/ /
/ /	/ /			/ /
/ /	/ /			/ /
/ /	/ /			/ /
/ /	/ /			/ /
/ /	/ /			/ /
/ /	/ /			/ /
/ /	/ /			/ /

ARRIVEE

Date d'arrivée	Date et N° de la correspondance	Expéditeur	Objet	Date et N° de la réponse
__/__/__	__/__/__ ____			__/__/__ ____
__/__/__	__/__/__ ____			__/__/__ ____
__/__/__	__/__/__ ____			__/__/__ ____
__/__/__	__/__/__ ____			__/__/__ ____
__/__/__	__/__/__ ____			__/__/__ ____
__/__/__	__/__/__ ____			__/__/__ ____
__/__/__	__/__/__ ____			__/__/__ ____
__/__/__	__/__/__ ____			__/__/__ ____
__/__/__	__/__/__ ____			__/__/__ ____
__/__/__	__/__/__ ____			__/__/__ ____

ARRIVEE

Date d'arrivée	Date et N° de la correspondance	Expéditeur	Objet	Date et N° de la réponse
__/__/__	__/__/__			__/__/__
__/__/__	__/__/__			__/__/__
__/__/__	__/__/__			__/__/__
__/__/__	__/__/__			__/__/__
__/__/__	__/__/__			__/__/__
__/__/__	__/__/__			__/__/__
__/__/__	__/__/__			__/__/__
__/__/__	__/__/__			__/__/__
__/__/__	__/__/__			__/__/__
__/__/__	__/__/__			__/__/__

ARRIVEE

Date d'arrivée	Date et N° de la correspondance	Expéditeur	Objet	Date et N° de la réponse
__/__/__	__/__/__			__/__/__
__/__/__	__/__/__			__/__/__
__/__/__	__/__/__			__/__/__
__/__/__	__/__/__			__/__/__
__/__/__	__/__/__			__/__/__
__/__/__	__/__/__			__/__/__
__/__/__	__/__/__			__/__/__
__/__/__	__/__/__			__/__/__
__/__/__	__/__/__			__/__/__
__/__/__	__/__/__			__/__/__

ARRIVEE

Date d'arrivée	Date et N° de la correspondance	Expéditeur	Objet	Date et N° de la réponse
__/__/__	__/__/__ _____			__/__/__ _____
__/__/__	__/__/__ _____			__/__/__ _____
__/__/__	__/__/__ _____			__/__/__ _____
__/__/__	__/__/__ _____			__/__/__ _____
__/__/__	__/__/__ _____			__/__/__ _____
__/__/__	__/__/__ _____			__/__/__ _____
__/__/__	__/__/__ _____			__/__/__ _____
__/__/__	__/__/__ _____			__/__/__ _____
__/__/__	__/__/__ _____			__/__/__ _____
__/__/__	__/__/__ _____			__/__/__ _____

ARRIVEE

Date d'arrivée	Date et N° de la correspondance	Expéditeur	Objet	Date et N° de la réponse
__/__/__	__/__/__			__/__/__
__/__/__	__/__/__			__/__/__
__/__/__	__/__/__			__/__/__
__/__/__	__/__/__			__/__/__
__/__/__	__/__/__			__/__/__
__/__/__	__/__/__			__/__/__
__/__/__	__/__/__			__/__/__
__/__/__	__/__/__			__/__/__
__/__/__	__/__/__			__/__/__
__/__/__	__/__/__			__/__/__

ARRIVEE

Date d'arrivée	Date et N° de la correspondance	Expéditeur	Objet	Date et N° de la réponse
__/__/__	__/__/__			__/__/__
__/__/__	__/__/__			__/__/__
__/__/__	__/__/__			__/__/__
__/__/__	__/__/__			__/__/__
__/__/__	__/__/__			__/__/__
__/__/__	__/__/__			__/__/__
__/__/__	__/__/__			__/__/__
__/__/__	__/__/__			__/__/__
__/__/__	__/__/__			__/__/__
__/__/__	__/__/__			__/__/__

ARRIVEE

Date d'arrivée	Date et N° de la correspondance	Expéditeur	Objet	Date et N° de la réponse
__/__/__	__/__/__			__/__/__
__/__/__	__/__/__			__/__/__
__/__/__	__/__/__			__/__/__
__/__/__	__/__/__			__/__/__
__/__/__	__/__/__			__/__/__
__/__/__	__/__/__			__/__/__
__/__/__	__/__/__			__/__/__
__/__/__	__/__/__			__/__/__
__/__/__	__/__/__			__/__/__
__/__/__	__/__/__			__/__/__

ARRIVEE

Date d'arrivée	Date et N° de la correspondance	Expéditeur	Objet	Date et N° de la réponse
__/__/__	__/__/__			__/__/__
__/__/__	__/__/__			__/__/__
__/__/__	__/__/__			__/__/__
__/__/__	__/__/__			__/__/__
__/__/__	__/__/__			__/__/__
__/__/__	__/__/__			__/__/__
__/__/__	__/__/__			__/__/__
__/__/__	__/__/__			__/__/__
__/__/__	__/__/__			__/__/__
__/__/__	__/__/__			__/__/__

ARRIVEE

Date d'arrivée	Date et N° de la correspondance	Expéditeur	Objet	Date et N° de la réponse
__/__/__	__/__/__			__/__/__
__/__/__	__/__/__			__/__/__
__/__/__	__/__/__			__/__/__
__/__/__	__/__/__			__/__/__
__/__/__	__/__/__			__/__/__
__/__/__	__/__/__			__/__/__
__/__/__	__/__/__			__/__/__
__/__/__	__/__/__			__/__/__
__/__/__	__/__/__			__/__/__
__/__/__	__/__/__			__/__/__

ARRIVEE

Date d'arrivée	Date et N° de la correspondance	Expéditeur	Objet	Date et N° de la réponse
__/__/__	__/__/__			__/__/__
__/__/__	__/__/__			__/__/__
__/__/__	__/__/__			__/__/__
__/__/__	__/__/__			__/__/__
__/__/__	__/__/__			__/__/__
__/__/__	__/__/__			__/__/__
__/__/__	__/__/__			__/__/__
__/__/__	__/__/__			__/__/__
__/__/__	__/__/__			__/__/__
__/__/__	__/__/__			__/__/__

ARRIVEE

Date d'arrivée	Date et N° de la correspondance	Expéditeur	Objet	Date et N° de la réponse
__/__/__	__/__/__ _____			__/__/__ _____
__/__/__	__/__/__ _____			__/__/__ _____
__/__/__	__/__/__ _____			__/__/__ _____
__/__/__	__/__/__ _____			__/__/__ _____
__/__/__	__/__/__ _____			__/__/__ _____
__/__/__	__/__/__ _____			__/__/__ _____
__/__/__	__/__/__ _____			__/__/__ _____
__/__/__	__/__/__ _____			__/__/__ _____
__/__/__	__/__/__ _____			__/__/__ _____
__/__/__	__/__/__ _____			__/__/__ _____

ARRIVEE

Date d'arrivée	Date et N° de la correspondance	Expéditeur	Objet	Date et N° de la réponse
__/__/__	__/__/__ _____			__/__/__ _____
__/__/__	__/__/__ _____			__/__/__ _____
__/__/__	__/__/__ _____			__/__/__ _____
__/__/__	__/__/__ _____			__/__/__ _____
__/__/__	__/__/__ _____			__/__/__ _____
__/__/__	__/__/__ _____			__/__/__ _____
__/__/__	__/__/__ _____			__/__/__ _____
__/__/__	__/__/__ _____			__/__/__ _____
__/__/__	__/__/__ _____			__/__/__ _____
__/__/__	__/__/__ _____			__/__/__ _____

ARRIVEE

Date d'arrivée	Date et N° de la correspondance	Expéditeur	Objet	Date et N° de la réponse
__/__/__	__/__/__ _____			__/__/__ _____
__/__/__	__/__/__ _____			__/__/__ _____
__/__/__	__/__/__ _____			__/__/__ _____
__/__/__	__/__/__ _____			__/__/__ _____
__/__/__	__/__/__ _____			__/__/__ _____
__/__/__	__/__/__ _____			__/__/__ _____
__/__/__	__/__/__ _____			__/__/__ _____
__/__/__	__/__/__ _____			__/__/__ _____
__/__/__	__/__/__ _____			__/__/__ _____
__/__/__	__/__/__ _____			__/__/__ _____

ARRIVEE

Date d'arrivée	Date et N° de la correspondance	Expéditeur	Objet	Date et N° de la réponse
__/__/__	__/__/__			__/__/__
__/__/__	__/__/__			__/__/__
__/__/__	__/__/__			__/__/__
__/__/__	__/__/__			__/__/__
__/__/__	__/__/__			__/__/__
__/__/__	__/__/__			__/__/__
__/__/__	__/__/__			__/__/__
__/__/__	__/__/__			__/__/__
__/__/__	__/__/__			__/__/__
__/__/__	__/__/__			__/__/__

ARRIVEE

Date d'arrivée	Date et N° de la correspondance	Expéditeur	Objet	Date et N° de la réponse
__/__/__	__/__/__ __			__/__/__ __
__/__/__	__/__/__ __			__/__/__ __
__/__/__	__/__/__ __			__/__/__ __
__/__/__	__/__/__ __			__/__/__ __
__/__/__	__/__/__ __			__/__/__ __
__/__/__	__/__/__ __			__/__/__ __
__/__/__	__/__/__ __			__/__/__ __
__/__/__	__/__/__ __			__/__/__ __
__/__/__	__/__/__ __			__/__/__ __
__/__/__	__/__/__ __			__/__/__ __

ARRIVEE

Date d'arrivée	Date et N° de la correspondance	Expéditeur	Objet	Date et N° de la réponse
__/__/__	__/__/__			__/__/__
__/__/__	__/__/__			__/__/__
__/__/__	__/__/__			__/__/__
__/__/__	__/__/__			__/__/__
__/__/__	__/__/__			__/__/__
__/__/__	__/__/__			__/__/__
__/__/__	__/__/__			__/__/__
__/__/__	__/__/__			__/__/__
__/__/__	__/__/__			__/__/__
__/__/__	__/__/__			__/__/__

ARRIVEE

Date d'arrivée	Date et N° de la correspondance	Expéditeur	Objet	Date et N° de la réponse
_/_/_	_/_/_			_/_/_
_/_/_	_/_/_			_/_/_
_/_/_	_/_/_			_/_/_
_/_/_	_/_/_			_/_/_
_/_/_	_/_/_			_/_/_
_/_/_	_/_/_			_/_/_
_/_/_	_/_/_			_/_/_
_/_/_	_/_/_			_/_/_
_/_/_	_/_/_			_/_/_
_/_/_	_/_/_			_/_/_

ARRIVEE

Date d'arrivée	Date et N° de la correspondance	Expéditeur	Objet	Date et N° de la réponse
__/__/__	__/__/__			__/__/__
__/__/__	__/__/__			__/__/__
__/__/__	__/__/__			__/__/__
__/__/__	__/__/__			__/__/__
__/__/__	__/__/__			__/__/__
__/__/__	__/__/__			__/__/__
__/__/__	__/__/__			__/__/__
__/__/__	__/__/__			__/__/__
__/__/__	__/__/__			__/__/__
__/__/__	__/__/__			__/__/__

ARRIVEE

Date d'arrivée	Date et N° de la correspondance	Expéditeur	Objet	Date et N° de la réponse
__/__/__	__/__/__			__/__/__
__/__/__	__/__/__			__/__/__
__/__/__	__/__/__			__/__/__
__/__/__	__/__/__			__/__/__
__/__/__	__/__/__			__/__/__
__/__/__	__/__/__			__/__/__
__/__/__	__/__/__			__/__/__
__/__/__	__/__/__			__/__/__
__/__/__	__/__/__			__/__/__
__/__/__	__/__/__			__/__/__

ARRIVEE

Date d'arrivée	Date et N° de la correspondance	Expéditeur	Objet	Date et N° de la réponse
__/__/__	__/__/__			__/__/__
__/__/__	__/__/__			__/__/__
__/__/__	__/__/__			__/__/__
__/__/__	__/__/__			__/__/__
__/__/__	__/__/__			__/__/__
__/__/__	__/__/__			__/__/__
__/__/__	__/__/__			__/__/__
__/__/__	__/__/__			__/__/__
__/__/__	__/__/__			__/__/__
__/__/__	__/__/__			__/__/__

ARRIVEE

Date d'arrivée	Date et N° de la correspondance	Expéditeur	Objet	Date et N° de la réponse
__/__/__	__/__/__			__/__/__
__/__/__	__/__/__			__/__/__
__/__/__	__/__/__			__/__/__
__/__/__	__/__/__			__/__/__
__/__/__	__/__/__			__/__/__
__/__/__	__/__/__			__/__/__
__/__/__	__/__/__			__/__/__
__/__/__	__/__/__			__/__/__
__/__/__	__/__/__			__/__/__
__/__/__	__/__/__			__/__/__

ARRIVEE

Date d'arrivée	Date et N° de la correspondance	Expéditeur	Objet	Date et N° de la réponse
__/__/__	__/__/__ _____			__/__/__ _____
__/__/__	__/__/__ _____			__/__/__ _____
__/__/__	__/__/__ _____			__/__/__ _____
__/__/__	__/__/__ _____			__/__/__ _____
__/__/__	__/__/__ _____			__/__/__ _____
__/__/__	__/__/__ _____			__/__/__ _____
__/__/__	__/__/__ _____			__/__/__ _____
__/__/__	__/__/__ _____			__/__/__ _____
__/__/__	__/__/__ _____			__/__/__ _____
__/__/__	__/__/__ _____			__/__/__ _____

ARRIVEE

Date d'arrivée	Date et N° de la correspondance	Expéditeur	Objet	Date et N° de la réponse
__/__/__	__/__/__			__/__/__
__/__/__	__/__/__			__/__/__
__/__/__	__/__/__			__/__/__
__/__/__	__/__/__			__/__/__
__/__/__	__/__/__			__/__/__
__/__/__	__/__/__			__/__/__
__/__/__	__/__/__			__/__/__
__/__/__	__/__/__			__/__/__
__/__/__	__/__/__			__/__/__
__/__/__	__/__/__			__/__/__

ARRIVEE

Date d'arrivée	Date et N° de la correspondance	Expéditeur	Objet	Date et N° de la réponse
__/__/__	__/__/__			__/__/__
__/__/__	__/__/__			__/__/__
__/__/__	__/__/__			__/__/__
__/__/__	__/__/__			__/__/__
__/__/__	__/__/__			__/__/__
__/__/__	__/__/__			__/__/__
__/__/__	__/__/__			__/__/__
__/__/__	__/__/__			__/__/__
__/__/__	__/__/__			__/__/__
__/__/__	__/__/__			__/__/__

ARRIVEE

Date d'arrivée	Date et N° de la correspondance	Expéditeur	Objet	Date et N° de la réponse
__/__/__	__/__/__			__/__/__
__/__/__	__/__/__			__/__/__
__/__/__	__/__/__			__/__/__
__/__/__	__/__/__			__/__/__
__/__/__	__/__/__			__/__/__
__/__/__	__/__/__			__/__/__
__/__/__	__/__/__			__/__/__
__/__/__	__/__/__			__/__/__
__/__/__	__/__/__			__/__/__
__/__/__	__/__/__			__/__/__

ARRIVEE

Date d'arrivée	Date et N° de la correspondance	Expéditeur	Objet	Date et N° de la réponse
_/_/_	_/_/_			_/_/_
_/_/_	_/_/_			_/_/_
_/_/_	_/_/_			_/_/_
_/_/_	_/_/_			_/_/_
_/_/_	_/_/_			_/_/_
_/_/_	_/_/_			_/_/_
_/_/_	_/_/_			_/_/_
_/_/_	_/_/_			_/_/_
_/_/_	_/_/_			_/_/_
_/_/_	_/_/_			_/_/_

ARRIVEE

Date d'arrivée	Date et N° de la correspondance	Expéditeur	Objet	Date et N° de la réponse
__/__/__	__/__/__			__/__/__
__/__/__	__/__/__			__/__/__
__/__/__	__/__/__			__/__/__
__/__/__	__/__/__			__/__/__
__/__/__	__/__/__			__/__/__
__/__/__	__/__/__			__/__/__
__/__/__	__/__/__			__/__/__
__/__/__	__/__/__			__/__/__
__/__/__	__/__/__			__/__/__
__/__/__	__/__/__			__/__/__

ARRIVEE

Date d'arrivée	Date et N° de la correspondance	Expéditeur	Objet	Date et N° de la réponse
__/__/____	__/__/____			__/__/____
__/__/____	__/__/____			__/__/____
__/__/____	__/__/____			__/__/____
__/__/____	__/__/____			__/__/____
__/__/____	__/__/____			__/__/____
__/__/____	__/__/____			__/__/____
__/__/____	__/__/____			__/__/____
__/__/____	__/__/____			__/__/____
__/__/____	__/__/____			__/__/____
__/__/____	__/__/____			__/__/____

ARRIVEE

Date d'arrivée	Date et N° de la correspondance	Expéditeur	Objet	Date et N° de la réponse
__/__/__	__/__/__ _____			__/__/__ _____
__/__/__	__/__/__ _____			__/__/__ _____
__/__/__	__/__/__ _____			__/__/__ _____
__/__/__	__/__/__ _____			__/__/__ _____
__/__/__	__/__/__ _____			__/__/__ _____
__/__/__	__/__/__ _____			__/__/__ _____
__/__/__	__/__/__ _____			__/__/__ _____
__/__/__	__/__/__ _____			__/__/__ _____
__/__/__	__/__/__ _____			__/__/__ _____
__/__/__	__/__/__ _____			__/__/__ _____

ARRIVEE

Date d'arrivée	Date et N° de la correspondance	Expéditeur	Objet	Date et N° de la réponse
__/__/__	__/__/__ _____			__/__/__ _____
__/__/__	__/__/__ _____			__/__/__ _____
__/__/__	__/__/__ _____			__/__/__ _____
__/__/__	__/__/__ _____			__/__/__ _____
__/__/__	__/__/__ _____			__/__/__ _____
__/__/__	__/__/__ _____			__/__/__ _____
__/__/__	__/__/__ _____			__/__/__ _____
__/__/__	__/__/__ _____			__/__/__ _____
__/__/__	__/__/__ _____			__/__/__ _____
__/__/__	__/__/__ _____			__/__/__ _____

ARRIVEE

Date d'arrivée	Date et N° de la correspondance	Expéditeur	Objet	Date et N° de la réponse
__/__/__	__/__/__			__/__/__
__/__/__	__/__/__			__/__/__
__/__/__	__/__/__			__/__/__
__/__/__	__/__/__			__/__/__
__/__/__	__/__/__			__/__/__
__/__/__	__/__/__			__/__/__
__/__/__	__/__/__			__/__/__
__/__/__	__/__/__			__/__/__
__/__/__	__/__/__			__/__/__
__/__/__	__/__/__			__/__/__

ARRIVEE

Date d'arrivée	Date et N° de la correspondance	Expéditeur	Objet	Date et N° de la réponse
__/__/__	__/__/__ __			__/__/__ __
__/__/__	__/__/__ __			__/__/__ __
__/__/__	__/__/__ __			__/__/__ __
__/__/__	__/__/__ __			__/__/__ __
__/__/__	__/__/__ __			__/__/__ __
__/__/__	__/__/__ __			__/__/__ __
__/__/__	__/__/__ __			__/__/__ __
__/__/__	__/__/__ __			__/__/__ __
__/__/__	__/__/__ __			__/__/__ __
__/__/__	__/__/__ __			__/__/__ __

ARRIVEE

Date d'arrivée	Date et N° de la correspondance	Expéditeur	Objet	Date et N° de la réponse
__/__/__	__/__/__ _____			__/__/__ _____
__/__/__	__/__/__ _____			__/__/__ _____
__/__/__	__/__/__ _____			__/__/__ _____
__/__/__	__/__/__ _____			__/__/__ _____
__/__/__	__/__/__ _____			__/__/__ _____
__/__/__	__/__/__ _____			__/__/__ _____
__/__/__	__/__/__ _____			__/__/__ _____
__/__/__	__/__/__ _____			__/__/__ _____
__/__/__	__/__/__ _____			__/__/__ _____
__/__/__	__/__/__ _____			__/__/__ _____

ARRIVEE

Date d'arrivée	Date et N° de la correspondance	Expéditeur	Objet	Date et N° de la réponse
__/__/__	__/__/__ _____			__/__/__ _____
__/__/__	__/__/__ _____			__/__/__ _____
__/__/__	__/__/__ _____			__/__/__ _____
__/__/__	__/__/__ _____			__/__/__ _____
__/__/__	__/__/__ _____			__/__/__ _____
__/__/__	__/__/__ _____			__/__/__ _____
__/__/__	__/__/__ _____			__/__/__ _____
__/__/__	__/__/__ _____			__/__/__ _____
__/__/__	__/__/__ _____			__/__/__ _____
__/__/__	__/__/__ _____			__/__/__ _____

ARRIVEE

Date d'arrivée	Date et N° de la correspondance	Expéditeur	Objet	Date et N° de la réponse
_/_/_	_/_/_			_/_/_
_/_/_	_/_/_			_/_/_
_/_/_	_/_/_			_/_/_
_/_/_	_/_/_			_/_/_
_/_/_	_/_/_			_/_/_
_/_/_	_/_/_			_/_/_
_/_/_	_/_/_			_/_/_
_/_/_	_/_/_			_/_/_
_/_/_	_/_/_			_/_/_
_/_/_	_/_/_			_/_/_

ARRIVEE

Date d'arrivée	Date et N° de la correspondance	Expéditeur	Objet	Date et N° de la réponse
_/_/_	_/_/_			_/_/_
_/_/_	_/_/_			_/_/_
_/_/_	_/_/_			_/_/_
_/_/_	_/_/_			_/_/_
_/_/_	_/_/_			_/_/_
_/_/_	_/_/_			_/_/_
_/_/_	_/_/_			_/_/_
_/_/_	_/_/_			_/_/_
_/_/_	_/_/_			_/_/_
_/_/_	_/_/_			_/_/_

ARRIVEE

Date d'arrivée	Date et N° de la correspondance	Expéditeur	Objet	Date et N° de la réponse
/ /	/ /			/ /
/ /	/ /			/ /
/ /	/ /			/ /
/ /	/ /			/ /
/ /	/ /			/ /
/ /	/ /			/ /
/ /	/ /			/ /
/ /	/ /			/ /
/ /	/ /			/ /
/ /	/ /			/ /

ARRIVEE

Date d'arrivée	Date et N° de la correspondance	Expéditeur	Objet	Date et N° de la réponse
__/__/__	__/__/__ _____			__/__/__ _____
__/__/__	__/__/__ _____			__/__/__ _____
__/__/__	__/__/__ _____			__/__/__ _____
__/__/__	__/__/__ _____			__/__/__ _____
__/__/__	__/__/__ _____			__/__/__ _____
__/__/__	__/__/__ _____			__/__/__ _____
__/__/__	__/__/__ _____			__/__/__ _____
__/__/__	__/__/__ _____			__/__/__ _____
__/__/__	__/__/__ _____			__/__/__ _____
__/__/__	__/__/__ _____			__/__/__ _____

ARRIVEE

Date d'arrivée	Date et N° de la correspondance	Expéditeur	Objet	Date et N° de la réponse
__/__/__	__/__/__ __			__/__/__ __
__/__/__	__/__/__ __			__/__/__ __
__/__/__	__/__/__ __			__/__/__ __
__/__/__	__/__/__ __			__/__/__ __
__/__/__	__/__/__ __			__/__/__ __
__/__/__	__/__/__ __			__/__/__ __
__/__/__	__/__/__ __			__/__/__ __
__/__/__	__/__/__ __			__/__/__ __
__/__/__	__/__/__ __			__/__/__ __
__/__/__	__/__/__ __			__/__/__ __

ARRIVEE

Date d'arrivée	Date et N° de la correspondance	Expéditeur	Objet	Date et N° de la réponse
__/__/__	__/__/__ ____			__/__/__ ____
__/__/__	__/__/__ ____			__/__/__ ____
__/__/__	__/__/__ ____			__/__/__ ____
__/__/__	__/__/__ ____			__/__/__ ____
__/__/__	__/__/__ ____			__/__/__ ____
__/__/__	__/__/__ ____			__/__/__ ____
__/__/__	__/__/__ ____			__/__/__ ____
__/__/__	__/__/__ ____			__/__/__ ____
__/__/__	__/__/__ ____			__/__/__ ____
__/__/__	__/__/__ ____			__/__/__ ____

ARRIVEE

Date d'arrivée	Date et N° de la correspondance	Expéditeur	Objet	Date et N° de la réponse
/ /	/ /			/ /
/ /	/ /			/ /
/ /	/ /			/ /
/ /	/ /			/ /
/ /	/ /			/ /
/ /	/ /			/ /
/ /	/ /			/ /
/ /	/ /			/ /
/ /	/ /			/ /
/ /	/ /			/ /

ARRIVEE

Date d'arrivée	Date et N° de la correspondance	Expéditeur	Objet	Date et N° de la réponse
__/__/__	__/__/__			__/__/__
__/__/__	__/__/__			__/__/__
__/__/__	__/__/__			__/__/__
__/__/__	__/__/__			__/__/__
__/__/__	__/__/__			__/__/__
__/__/__	__/__/__			__/__/__
__/__/__	__/__/__			__/__/__
__/__/__	__/__/__			__/__/__
__/__/__	__/__/__			__/__/__
__/__/__	__/__/__			__/__/__

ARRIVEE

Date d'arrivée	Date et N° de la correspondance	Expéditeur	Objet	Date et N° de la réponse
__/__/__	__/__/__ __			__/__/__ __
__/__/__	__/__/__ __			__/__/__ __
__/__/__	__/__/__ __			__/__/__ __
__/__/__	__/__/__ __			__/__/__ __
__/__/__	__/__/__ __			__/__/__ __
__/__/__	__/__/__ __			__/__/__ __
__/__/__	__/__/__ __			__/__/__ __
__/__/__	__/__/__ __			__/__/__ __
__/__/__	__/__/__ __			__/__/__ __
__/__/__	__/__/__ __			__/__/__ __

ARRIVEE

Date d'arrivée	Date et N° de la correspondance	Expéditeur	Objet	Date et N° de la réponse
__/__/__	__/__/__ __			__/__/__ __
__/__/__	__/__/__ __			__/__/__ __
__/__/__	__/__/__ __			__/__/__ __
__/__/__	__/__/__ __			__/__/__ __
__/__/__	__/__/__ __			__/__/__ __
__/__/__	__/__/__ __			__/__/__ __
__/__/__	__/__/__ __			__/__/__ __
__/__/__	__/__/__ __			__/__/__ __
__/__/__	__/__/__ __			__/__/__ __
__/__/__	__/__/__ __			__/__/__

ARRIVEE

Date d'arrivée	Date et N° de la correspondance	Expéditeur	Objet	Date et N° de la réponse
__/__/__	__/__/__			__/__/__
__/__/__	__/__/__			__/__/__
__/__/__	__/__/__			__/__/__
__/__/__	__/__/__			__/__/__
__/__/__	__/__/__			__/__/__
__/__/__	__/__/__			__/__/__
__/__/__	__/__/__			__/__/__
__/__/__	__/__/__			__/__/__
__/__/__	__/__/__			__/__/__
__/__/__	__/__/__			__/__/__

ARRIVEE

Date d'arrivée	Date et N° de la correspondance	Expéditeur	Objet	Date et N° de la réponse
/ /	/ /			/ /
/ /	/ /			/ /
/ /	/ /			/ /
/ /	/ /			/ /
/ /	/ /			/ /
/ /	/ /			/ /
/ /	/ /			/ /
/ /	/ /			/ /
/ /	/ /			/ /
/ /	/ /			/ /

ARRIVEE

Date d'arrivée	Date et N° de la correspondance	Expéditeur	Objet	Date et N° de la réponse
__/__/__	__/__/__			__/__/__
__/__/__	__/__/__			__/__/__
__/__/__	__/__/__			__/__/__
__/__/__	__/__/__			__/__/__
__/__/__	__/__/__			__/__/__
__/__/__	__/__/__			__/__/__
__/__/__	__/__/__			__/__/__
__/__/__	__/__/__			__/__/__
__/__/__	__/__/__			__/__/__
__/__/__	__/__/__			__/__/__

ARRIVEE

Date d'arrivée	Date et N° de la correspondance	Expéditeur	Objet	Date et N° de la réponse
__/__/__	__/__/__ __			__/__/__ __
__/__/__	__/__/__ __			__/__/__ __
__/__/__	__/__/__ __			__/__/__ __
__/__/__	__/__/__ __			__/__/__ __
__/__/__	__/__/__ __			__/__/__ __
__/__/__	__/__/__ __			__/__/__ __
__/__/__	__/__/__ __			__/__/__ __
__/__/__	__/__/__ __			__/__/__ __
__/__/__	__/__/__ __			__/__/__ __
__/__/__	__/__/__ __			__/__/__ __

ARRIVEE

Date d'arrivée	Date et N° de la correspondance	Expéditeur	Objet	Date et N° de la réponse
__/__/__	__/__/__			__/__/__
__/__/__	__/__/__			__/__/__
__/__/__	__/__/__			__/__/__
__/__/__	__/__/__			__/__/__
__/__/__	__/__/__			__/__/__
__/__/__	__/__/__			__/__/__
__/__/__	__/__/__			__/__/__
__/__/__	__/__/__			__/__/__
__/__/__	__/__/__			__/__/__
__/__/__	__/__/__			__/__/__

ARRIVEE

Date d'arrivée	Date et N° de la correspondance	Expéditeur	Objet	Date et N° de la réponse
__/__/__	__/__/__			__/__/__
__/__/__	__/__/__			__/__/__
__/__/__	__/__/__			__/__/__
__/__/__	__/__/__			__/__/__
__/__/__	__/__/__			__/__/__
__/__/__	__/__/__			__/__/__
__/__/__	__/__/__			__/__/__
__/__/__	__/__/__			__/__/__
__/__/__	__/__/__			__/__/__
__/__/__	__/__/__			__/__/__

ARRIVEE

Date d'arrivée	Date et N° de la correspondance	Expéditeur	Objet	Date et N° de la réponse
/ /	/ /			/ /
/ /	/ /			/ /
/ /	/ /			/ /
/ /	/ /			/ /
/ /	/ /			/ /
/ /	/ /			/ /
/ /	/ /			/ /
/ /	/ /			/ /
/ /	/ /			/ /
/ /	/ /			/ /

ARRIVEE

Date d'arrivée	Date et N° de la correspondance	Expéditeur	Objet	Date et N° de la réponse
__/__/__	__/__/__			__/__/__
__/__/__	__/__/__			__/__/__
__/__/__	__/__/__			__/__/__
__/__/__	__/__/__			__/__/__
__/__/__	__/__/__			__/__/__
__/__/__	__/__/__			__/__/__
__/__/__	__/__/__			__/__/__
__/__/__	__/__/__			__/__/__
__/__/__	__/__/__			__/__/__
__/__/__	__/__/__			__/__/__

ARRIVEE

Date d'arrivée	Date et N° de la correspondance	Expéditeur	Objet	Date et N° de la réponse
__/__/__	__/__/__			__/__/__
__/__/__	__/__/__			__/__/__
__/__/__	__/__/__			__/__/__
__/__/__	__/__/__			__/__/__
__/__/__	__/__/__			__/__/__
__/__/__	__/__/__			__/__/__
__/__/__	__/__/__			__/__/__
__/__/__	__/__/__			__/__/__
__/__/__	__/__/__			__/__/__
__/__/__	__/__/__			__/__/__

ARRIVEE

Date d'arrivée	Date et N° de la correspondance	Expéditeur	Objet	Date et N° de la réponse
__/__/__	__/__/__			__/__/__
__/__/__	__/__/__			__/__/__
__/__/__	__/__/__			__/__/__
__/__/__	__/__/__			__/__/__
__/__/__	__/__/__			__/__/__
__/__/__	__/__/__			__/__/__
__/__/__	__/__/__			__/__/__
__/__/__	__/__/__			__/__/__
__/__/__	__/__/__			__/__/__
__/__/__	__/__/__			__/__/__

ARRIVEE

Date d'arrivée	Date et N° de la correspondance	Expéditeur	Objet	Date et N° de la réponse
__/__/__	__/__/__			__/__/__
__/__/__	__/__/__			__/__/__
__/__/__	__/__/__			__/__/__
__/__/__	__/__/__			__/__/__
__/__/__	__/__/__			__/__/__
__/__/__	__/__/__			__/__/__
__/__/__	__/__/__			__/__/__
__/__/__	__/__/__			__/__/__
__/__/__	__/__/__			__/__/__
__/__/__	__/__/__			__/__/__

ARRIVEE

Date d'arrivée	Date et N° de la correspondance	Expéditeur	Objet	Date et N° de la réponse
_/_/_	_/_/_			_/_/_
_/_/_	_/_/_			_/_/_
_/_/_	_/_/_			_/_/_
_/_/_	_/_/_			_/_/_
_/_/_	_/_/_			_/_/_
_/_/_	_/_/_			_/_/_
_/_/_	_/_/_			_/_/_
_/_/_	_/_/_			_/_/_
_/_/_	_/_/_			_/_/_
_/_/_	_/_/_			_/_/_

ARRIVEE

Date d'arrivée	Date et N° de la correspondance	Expéditeur	Objet	Date et N° de la réponse
__/__/__	__/__/__ _____			__/__/__ _____
__/__/__	__/__/__ _____			__/__/__ _____
__/__/__	__/__/__ _____			__/__/__ _____
__/__/__	__/__/__ _____			__/__/__ _____
__/__/__	__/__/__ _____			__/__/__ _____
__/__/__	__/__/__ _____			__/__/__ _____
__/__/__	__/__/__ _____			__/__/__ _____
__/__/__	__/__/__ _____			__/__/__ _____
__/__/__	__/__/__ _____			__/__/__ _____
__/__/__	__/__/__ _____			__/__/__ _____

ARRIVEE

Date d'arrivée	Date et N° de la correspondance	Expéditeur	Objet	Date et N° de la réponse
__/__/__	__/__/__			__/__/__
__/__/__	__/__/__			__/__/__
__/__/__	__/__/__			__/__/__
__/__/__	__/__/__			__/__/__
__/__/__	__/__/__			__/__/__
__/__/__	__/__/__			__/__/__
__/__/__	__/__/__			__/__/__
__/__/__	__/__/__			__/__/__
__/__/__	__/__/__			__/__/__
__/__/__	__/__/__			__/__/__

ARRIVEE

Date d'arrivée	Date et N° de la correspondance	Expéditeur	Objet	Date et N° de la réponse
__/__/__	__/__/__			__/__/__
__/__/__	__/__/__			__/__/__
__/__/__	__/__/__			__/__/__
__/__/__	__/__/__			__/__/__
__/__/__	__/__/__			__/__/__
__/__/__	__/__/__			__/__/__
__/__/__	__/__/__			__/__/__
__/__/__	__/__/__			__/__/__
__/__/__	__/__/__			__/__/__
__/__/__	__/__/__			__/__/__

ARRIVEE

Date d'arrivée	Date et N° de la correspondance	Expéditeur	Objet	Date et N° de la réponse
__/__/__	__/__/__			__/__/__
__/__/__	__/__/__			__/__/__
__/__/__	__/__/__			__/__/__
__/__/__	__/__/__			__/__/__
__/__/__	__/__/__			__/__/__
__/__/__	__/__/__			__/__/__
__/__/__	__/__/__			__/__/__
__/__/__	__/__/__			__/__/__
__/__/__	__/__/__			__/__/__
__/__/__	__/__/__			__/__/__

ARRIVEE

Date d'arrivée	Date et N° de la correspondance	Expéditeur	Objet	Date et N° de la réponse
__/__/____	__/__/____			__/__/____
__/__/____	__/__/____			__/__/____
__/__/____	__/__/____			__/__/____
__/__/____	__/__/____			__/__/____
__/__/____	__/__/____			__/__/____
__/__/____	__/__/____			__/__/____
__/__/____	__/__/____			__/__/____
__/__/____	__/__/____			__/__/____
__/__/____	__/__/____			__/__/____
__/__/____	__/__/____			__/__/____